FÜR MEINEN VATER
A.S.

HÜHNERLULU

ANNETTE SWOBODA
ULRIKE KUCKERO

THIENEMANN

ES WAR EINMAL EIN HUHN ...

... DAS WOLLTE SO GERNE VERREISEN.
SEIT ES AUS DEM EI GESCHLÜPFT WAR,
LEBTE ES IN IMMER DEM GLEICHEN HÜHNERSTALL,
UND ALLMÄHLICH WURDE DAS LEBEN LANGWEILIG.

Legen bringt Segen
Edel sei das Huhn, hilfreich und gut!

„ICH WERDE VERREISEN", VERKÜNDETE DAS HUHN EINES TAGES
UND PACKTE SEINEN KLEINEN KOFFER.
„ICH HOFFE, IHR KOMMT SO LANGE OHNE MICH AUS."
„VERREISEN? WOHIN DENN?", GACKERTEN DIE ANDEREN HÜHNER.
DOCH DAS HUHN ANTWORTETE IHNEN NICHT.
ES KLETTERTE DIE HÜHNERLEITER HINUNTER,
STIESS DIE KLAPPE ZUM AUSGANG AUF UND GING ÜBER DEN HOF.

unset
Beach
Kein Ei
Gleicht Dem
Anderen
Da lachen ja
die Hühner!
früher vogel
fängt den wurm

„SCHAU DIR DIESES ALBERNE HUHN AN", RIEF DA DIE BÄUERIN ZUM BAUER.
„WILL ES ETWA VERREISEN?"
„HA", LACHTE DER BAUER, „VERREISEN? WOHIN DENN?"
UND ER MACHTE DAS TOR ZUR STRASSE ZU.
DOCH DAS HUHN KLETTERTE UNTER DEM STACHELDRAHT HINDURCH,
SPRANG HINTEN ÜBER DEN BACH UND WANDERTE ZUM GARTEN HINAUS.

„SEHT EUCH DIESES ALBERNE HUHN AN", RIEF DIE GESCHECKTE KUH, DIE AUF DER WEIDE STAND. „WILL ES ETWA VERREISEN?"
„VERREISEN?", LACHTE DIE BRAUNE KUH. „ETWA NACH HONOLULU?"
DAS HUHN PACKTE SEINEN KLEINEN KOFFER NOCH FESTER UND LIEF WEITER ÜBER DIE WEIDE.
BALD KAM ES ZU EINER STRASSE. DA STAND EIN TRECKER.
DER GEHÖRTE DEM NACHBARBAUERN, DER GERADE NACH SEINEN KÜHEN SCHAUTE.

SCHNELL SPRANG DAS HUHN AUF DAS TRITTBRETT.
DA FUHR DER TRECKER AUCH SCHON LOS,
IMMER DIE STRASSE HINAB.
„ICH VERREISE", GACKERTE DAS HUHN GLÜCKLICH.
ES STELLTE SEINEN KLEINEN KOFFER AB
UND SCHAUTE AUF DIE VORBEIFLIEGENDE LANDSCHAFT.

BALD FUHR DER TRECKER AUF EINEN HOF,
WURDE LANGSAMER
UND HIELT SCHLIESSLICH AN.
DAS HUHN PACKTE SEINEN KLEINEN KOFFER UNTER DEN FLÜGEL
UND SPRANG SCHNELL VOM TRITTBRETT.

AUF DEM HOF LIEFEN VIELE HÜHNER UMHER.
„WO KOMMST DU DENN HER?", GACKERTEN SIE AUFGEREGT.
DAS HUHN STELLTE SEINEN KLEINEN KOFFER AB.
„ICH KOMME VON MEINEM LANGWEILIGEN HÜHNERSTALL
UND MACHE HIER JETZT URLAUB."

DA STAUNTEN DIE HÜHNER NICHT SCHLECHT.
URLAUB?
KEINES VON IHNEN WAR BISHER AUF SOLCH EINE IDEE GEKOMMEN.
SIE LIESSEN DAS HUHN BEI SICH AUF DER HÜHNERSTANGE SCHLAFEN,
UND AM TAGE PICKTE ES MIT DEN ANDEREN HÜHNERN
KÖRNER UND WÜRMER IM GARTEN.

DAS GING EINE WEILE SO.
BIS DAS HUHN EINES TAGES
SEINEN KLEINEN KOFFER HERVORHOLTE
UND SAGTE: „WAR NETT BEI EUCH.
MEIN URLAUB IST JETZT ZU ENDE."
WIEDER KLETTERTE ES DIE HÜHNERLEITER HINUNTER,
STIESS DIE KLAPPE ZUM AUSGANG AUF,
MARSCHIERTE ÜBER DEN HOF ZUM TRECKER,
KLETTERTE AUF DAS TRITTBRETT
UND STELLTE SEINEN KOFFER AB.

DIESMAL MUSSTE DAS HUHN EIN WENIG WARTEN, BIS DER TRECKER LOSFUHR.
DER BAUER HATTE NOCH ANDERE DINGE ZU TUN.
ERST AM ABEND FUHR ER MIT DEM TRECKER ZU DEN WEIDEN,
UM NACH DEN KÜHEN ZU SCHAUEN.

AN DER WEIDE SPRANG DAS HUHN AB
UND GING MIT SEINEM KLEINEN KOFFER ÜBER DIE WIESE.
„DA BIST DU JA WIEDER", LACHTE DIE GESCHECKTE KUH.
„WO WARST DU DENN?"
„VERREIST", SAGTE DAS HUHN STOLZ UND GING WEITER.
„HA!", BRÜLLTE DIE BRAUNE KUH, „EIN HUHN, DAS VERREIST!
WARST DU IN HONOLULU?"
DOCH DAS HUHN ANTWORTETE NICHT.

ES SPRANG ÜBER DEN BACH,
KLETTERTE UNTER DEM STACHELDRAHT HINDURCH
UND LIEF ÜBER DEN HOF.
„DA BIST DU JA WIEDER", SAGTE DIE BÄUERIN.
„ICH HAB DICH SCHON GESUCHT."
„WAR VERREIST", SAGTE DAS HUHN KURZ
UND LIEF EILIG ZUM HÜHNERSTALL.

„DA BIST DU JA WIEDER", STAUNTEN DIE ANDEREN HÜHNER.
SIE RÜCKTEN BEISEITE UND LIESSEN DAS HUHN AUF DIE HÜHNERSTANGE.
„HAB URLAUB GEMACHT", SAGTE DAS HUHN UND SCHAUTE IN DIE RUNDE.
DIE HÜHNER SAHEN ES GESPANNT AN.
„WO DENN?", RIEFEN SIE.

„IN HÜHNERLULU", SAGTE DAS HUHN LÄSSIG.
„KANN ICH EUCH NUR EMPFEHLEN."

HIER
BIN ich Huhn,
hier DARf
ichs Sein!

VON ANNETTE SWOBODA SIND AUSSERDEM
FOLGENDE BILDERBÜCHER BEI THIENEMANN ERSCHIENEN:
MILLIS UNGEHEURES GEHEIMNIS (TEXT: ANGELIKA GLITZ)
EIN WUNSCH FÜR RUDI (TEXT: ANGELIKA GLITZ)
MILLI, RUDI UND DER SCHATZFINDEFISCH (TEXT: ANGELIKA GLITZ)
PRINZ FRANZ TOTAL VERLIEBT (TEXT: ANGELIKA GLITZ)

ANNETTE SWOBODA UND ULRIKE KUCKERO:
HÜHNERLULU
ISBN 3 522 43419 6

SCHRIFT: PRIME MINISTER OF CANADA
REPRODUKTION: PHOTOLITHO AG, GOSSAU/ZÜRICH
DRUCK UND BINDUNG: J.P. HIMMER, AUGSBURG

6 5 4 3 2* 05 06 07 08
THIENEMANN IM INTERNET: WWW.THIENEMANN.DE

CE